QUELQUES RÉFLEXIONS

SUR

L'ÉTABLISSEMENT

DE LA RÉPUBLIQUE CIS-RHENANE.

PAR LE CITOYEN DORSCH,
Employé aux relations extérieures.

Coalita libertate, dispecturas Gallias, quem
virium suarum terminum velint.
TACIT. *historiar. lib. IV. c.* 55.

A PARIS;

De l'IMPRIMERIE de C. F. CRAMER, rue des
Bons-Enfans, N°. 12.

AN VI DE LA RÉPUBLIQUE FRANÇAISE.

QUELQUES RÉFLEXIONS

SUR

L'ÉTABLISSEMENT

DE LA RÉPUBLIQUE CIS-RHENANE.

Il vient de paraître une brochure sous le titre : *Coup-d'œil sur le Rhin, relativement aux négociations de paix.* L'Auteur, un des patriotes les plus éclairés de l'Allemagne, prétend que, pour accélérer la paix avec l'Empire, il faudrait peut-être que la France renonçât à la réunion du pays Rheno-germanique, et consentît à en faire une république indépendante, qui fût organisée d'après les bases de la constitution française.

Je ne suis point de cet avis. Ce n'est pas seulement depuis que cet écrit a paru, que j'ai refléchi sur la destinée d'un pays si intéressant par son sol fertile, par cinq années de souffrance, et par les mœurs simples de ses habitans ; même avant l'époque où un Patriote allemand proposa des prix sur cette

A 2

question : *est-il de l'intérêt de la République française de reculer ses limites jusqu'aux bords du Rhin* ? j'avais offert au Comité de Salut public un mémoire relatif à ce objet (1); mais je ne prévoyois pas alors qu'on pourrait sérieusement concevoir le projet de former une république indépendante du pays en deçà du Rhin. Aussi m'étais-je peu arrêté à cette hypothèse : je vais réparer cet oubli. Pour résoudre le problême dont il est question, il faut examiner s'il est de l'intérêt de la France et de celui du pays situé en deçà du Rhin, que ce dernier soit constitué en république indépendante.

Commençons à envisager la question sous le premier aspect.

---

(1) Ce Mémoire se trouve joint à plusieurs dissertations relatives à la question ci-dessus indiquée. Le citoyen Bœhmer les a recueillies. Paris, an 4 de la République française. Cet écrit peut y faire suite. Il existe un autre Recueil analogue qui contient des pièces sur la réunion de la Belgique à la République française. Le représentant Portier (de l'Oise) en a soigné l'édition. Son nom sera béni de tous les Belges, amis sincères de la liberté de leur pays, à laquelle il a si puissamment contribué.

DES considérations militaires et financières me font croire qu'il n'est pas avantageux à la France, que le pays en deçà du Rhin en soit séparé.

La sécurité du territoire français n'est pas assez garantie du côté du Nord, même par l'acquisition de la Belgique et de quelques places fortes que les Hollandais ont cédées à la République ; depuis Landau jusqu'à la mer d'Allemagne il y a plusieurs forteresses, mais il y a aussi des trouées considérables dont un ennemi habile saura profiter. Les Prussiens et les Autrichiens en ont donné la preuve pendant cette guerre. Dans cette partie faible de la France, le Rhin peut seul servir de barrière. La Meuse guéable en plusieurs endroits, et dominée par des montagnes, ne serait pas propre à cet effet.

« Mais la République française, objectera-t-on, pourrait élever des forteresses sur celles de ses frontières qui en manquent ; elle pourrait conclure un traité d'amitié avec la nouvelle République ; dès-lors il n'y aurait rien à craindre pour la sûreté des Départemens du Nord. » Il est une réponse péremptoire à faire à cette objection. Les montagnes et les rivières sont les seules limites naturelles d'un pays. La construction et l'entretien des places fortes sont dispendieux , et la France doit appliquer ses ressources à d'autres objets. Les places peuvent être prises ou détruites ; les traités se rompent selon les circonstances ; mais le Rhin offre des moyens de défense économiques et nombreux.

La nouvelle République formée d'après le plan de la République française, aurait une représentation nationale et un gouvernement ; mais qui pourrait répondre que des hommes influens et revêtus d'un grand pouvoir ne fissent pas un jour cause commune pour livrer ce pays à ses anciens maîtres ? La France peut servir d'exemple. Des représentans, des directeurs infidèles n'ont-ils pas voulu donner de nouveaux fers à leur pays ?

Que la grande République ait donc pour limites les cîmes des Pyrénées et des Alpes , les bords du Rhin , ceux de l'Océan et de la Méditerranée !

La réunion de la rive gauche du Rhin n'est pas moins avantageuse à la République française , sous le rapport des finances.

La France en possession du pays Rheno-germanique, y prélèvera une somme assez considérable en contributions.

« Peut-être proposerait-on à ce nouvel Etat, s'il n'était pas réuni, de payer un tribut annuel à la République protectrice. »

Mais un peuple tributaire n'est jamais indépendant. O vous qui exigez de tels sacrifices de vos concitoyens, vous vous faites un jeu de leur liberté, vous vous flattez de vouloir le bonheur de votre pays, et vous le condamnez à la dépendance et à l'avilissement !

Les domaines immenses, appartenans aux corps privilégiés du pays, pourraient soulager notre trésor public et nous délivrer de la dette nationale, qui a fait échouer jusqu'ici nos meilleurs projets en finances. Ils aideront la République française à faire payer plus exactement les troupes, les employés, les rentiers de l'Etat, et ils offriront à ces derniers une hypothèque et un débouché avantageux à leurs inscriptions.

Ce pays faisant partie intégrante de notre territoire, ouvre une source féconde à notre commerce. Sans sa réunion les communications par eau dans la partie septentrionale de la France cesseraient d'être libres et assurées ; les marchandises embarquées sur la Meuse arriveraient difficilement jusqu'en Hollande; celles que l'on transporte par la Moselle ne viendraient que jusqu'à Trèves ; enfin le commerce que font les départemens du Haut et du Bas-Rhin, à l'aide de ce fleuve, serait également gêné. On a vu les bateliers de Strasbourg obligés de s'arrêter à Mayence quelquefois plusieurs semaines : ce genre d'entraves ne peut qu'être désavantageux au commerce.

Si la France recule ses limites jusqu'au Rhin, les douanes coûteront moins sur cette frontière, puisqu'on en diminuera le nombre. Si, au contraire, l'Etat Rheno-germanique est indépendant, il faudra que la France multiplie les douaniers ; alors les bois, les montagnes et leurs défilés favoriseront les contre-bandiers, dont le Rhin rendrait les efforts inutiles. Dans l'hypothèse de la réunion, les douanes rapporteront davantage. C'est sur le Rhin que se fait le grand commerce d'Allemagne ; le Mein et le Neker qui se jètent dans ce fleuve, sont deux canaux bien favorables à la circulation des productions ou des marchandises de l'Empire : aussi la France en s'étendant jusqu'au Rhin, fera une grande partie du commerce d'Allemagne, et en tirera des ressources importantes.

Sans doute la République cis-rhenane ferait aux Français des conditions avantageuses relativement au commerce et à la navigation ; mais la possession de la Moselle et de la rive gauche du Rhin offre une meilleure garantie que les traités les plus favorables.

Qu'on ne dise pas que, puisqu'il est de l'intérêt de la France d'être environnée de petits Etats, le pays en deçà du Rhin devrait former une République indépendante ; car tout le monde sait que la France en s'étendant jusqu'au Rhin, est encore séparée de la Prusse et de l'Autriche par plusieurs Puissances du second ordre, 'qui suffisent pour faire disparaître le danger du contact de grands Etats.

Le gouvernement français paraît bien connaître les avantages de la réunion de tous les pays situés en deçà du Rhin. Dans les derniers traités avec le Duc de Wurtemberg et le Margrave de Baden il a insisté sur la cession des domaines que ces deux Princes ont sur la rive gauche de ce fleuve. Que cette cession prépare la réunion de toutes les contrées cis-rhenanes à la France, comme la cession de Mastricht et de Vanloo, faite par les Hollandais, présageait la réunion de tous les pays autrichiens à notre territoire.

EXAMINONS maintenant s'il est de l'intérêt des pays en deçà du Rhin de former plutôt un Etat séparé, que de nous être réunis.

Pour défendre ces contrées ouvertes dans plusieurs points et munies d'une seule forteresse considérable, celle de Mayence, il faut beaucoup de troupes. Le pays peut fournir 70,000 hommes ; mais les habitans aiment-ils actuellement le métier de la guerre ? Epuisés par cinq années de guerre, pourront-ils fournir des fonds suffisans pour la levée, l'équipement et l'entretien d'une armée, et pour la construction des places fortes, dont les partisans de l'indépendance sentent eux-mêmes la nécessité, au moins pour la défense de la rive gauche du Rhin? J'adresse ces questions aux hommes sans prévention, qui connaissent les ressources du pays et l'esprit qui anime les habitans.

La France, il est vrai, alliée de la nouvelle République, ne manquera pas de la prendre sous sa protection; mais n'en est-il pas des Etats comme des individus? Ceux - ci ne témoignent jamais le même intérêt à soutenir des droits qui ne leur sont pas personnels; ainsi il n'est pas dans l'ordre des choses que la République française puisse mettre le même zèle à défendre ce pays indépendant, que lorsqu'il fera partie intégrante de son territoire.

La tranquillité et la sûreté de l'Etat Rheno-germanique seraient troublées de nouveau, lorsqu'il voudrai se donner une nouvelle constitution. Les cent peuple qui voteraient dans cette circonstance, divisés par leurs gouvernemens, leur religion, leurs habitudes leurs préjugés et leurs intérêts, s'accorderaient-il aisément sur le choix d'une constitution? auraient-il assez d'expérience politique pour que la sagesse présidât à leurs élections? seraient-ils assez dégagés de l'influence des castes privilégiées, pour que la liberté des votans ne fût pas compromise? la France n'a jamais eu en proportion autant de prêtres et de nobles que la rive gauche du Rhin. Dans le cours de la révolution le nombre des ecclésiastiques a encore diminué en France ; la noblesse n'y existe plus , et cependant l'abîme dans lequel les castes privilégiées ont manqué de plonger la patrie avant le 18 fructidor , sera long-tems présent au souvenir des républicains ; et vous espérez que les moines , les prêtres séculiers et les nobles , si acharnés au maintien de leurs privilèges , si nombreux et si puissans dans le pays du Rhin , ne troubleraient pas vos délibérations sur l'établissement d'un nouveau gouvernement , qui porterait un coup mortel à toutes leurs usurpations (1) ! ces métamorphoses subites , ces abnégations de l'amour-propre , ces renonciations aux préjugés invétérés et aux intérêts les plus chers , sont des miracles ; et il est passé le tems où l'on croyait aux miracles.

Si le pays Rheno-germanique adopte la constitution de la France , la plus parfaite qu'ait encore produit la philosophie , protectrice de l'humanité et du bonheur du peuple , et s'il fait partie intégrante du territoire français , le calme n'est point troublé ; tout est organisé subitement , et il ne restera pas à ses ennemis le tems de conspirer contre sa liberté.

---

(1) Je connais en Allemagne comme en France , dans les castes prétendues privilégiées , des gens de mérite qui tiennent plus à la vérité qu'aux préjugés. plus au bonheur de leur pays qu'à leurs prérogatives. Ceux-là sont bien dignes de la confiance de leurs concitoyens. Qu'ils continuent à servir la chose publique , et la patrie reconnaissante ne confondra jamais leurs noms avec ceux de ses ennemis.

La plupart des habitans de la rive gauche du Rhin, représentés par la convention Rheno-germanique, n'ont pas voulu former un Etat séparé ; ils ont demandé depuis long-tems leur réunion à la France. On ne peut supposer que ce même peuple veuille à présent se constituer en République séparée , sans l'accuser de légéreté et d'inconstance. Cependant tout le monde convient que de telles taches ne déparent pas le caractère allemand. Je vais plus loin. La convention nationale a accepté le vœu librement et légitimement énoncé par le peuple rheno-germanique, et a décrété solemnellement sa réunion à la France. Ceux des Allemands réunis en vertu de ce décret, ne peuvent donc former un Etat séparé, sans devenir infidèles au pacte qui existe entre eux et la République française. Il découle de cette considération que la réunion solemnelle de Mayence , place qui ferait le seul boulevart solide de la République cis-rhenane , doit entraîner la réunion des autres parties du territoire situé en deçà du Rhin.

L'amélioration des finances et du commerce des peuples Rheno-germaniques doit être pour eux un nouveau motif de tenir à cette union.

Les contributions foncières et personnelles sont très-modiques en France ; les pays en deçà du Rhin en paieraient de bien fortes, si , formant un Etat séparé , ils étaient tenus de faire face aux dépenses énormes que nécessiteraient l'armement et la solde des troupes, l'entretien de la représentation nationale, du gouvernement et des différens établissemens publics.

Si le pays en deçà du Rhin est réuni à la France, les produits de son sol et de ses manufactures circuleront dans le reste de la République, librement, et déchargés de tout impôt. Il aura de même à meilleur marché les vins, les eaux-de-vie, les huiles et les autres denrées et marchandises de la France.

Il me paraît donc que la réunion du pays Rhéno-germanique à notre territoire est avantageux aux deux nations. Ce nouvel Etat, s'il est indépendant, n'a qu'une existence précaire ; sa liberté n'est qu'une chimère, il continuera d'être le théâtre de la guerre, son commerce languira, et les impôts l'écraseront ; réuni à la République française, sa liberté est assurée, son territoire sera respecté, son commerce deviendra florissant, et il paiera des contributions modiques.

Que la Confédération cis-rhenane, établie à Bonn, continue à éclairer ses concitoyens sur leurs droits imprescriptibles, puisqu'ils commencent à avoir une patrie ; qu'elle en entretienne l'amour au fond de leurs cœurs ; qu'elle leur fasse briser le joug de leurs anciens maîtres, en leur inspirant une haine éternelle pour le despotisme politique et religieux !

« Cette réunion éloignera peut-être la paix, au lieu que la formation d'une République indépendante y mettra moins d'obstacles. »

Telle est la crainte de quelques hommes. Je ne la partage pas. Qui sont ceux qui épuisent tous leurs moyens, pour retenir ce pays dans l'esclavage ? Ce sont ses anciens maîtres, à la veille d'être sans sujets. Mais vous ne franchirez pas plus aisément cet obstacle en organisant ce pays en République indépendante, qu'en l'incorporant au territoire français. Les Etats démocratiques, grands ou petits, seront toujours en horreur aux hommes qui ne veulent pas reconnaître la souveraineté du peuple. Si donc les Princes allemands consentaient plutôt à l'indépendance du pays rheno-germanique, qu'à sa réunion à la France, ce ne serait pas par crainte que la République française ne devînt trop puissante par cette réunion ; ce serait dans l'espoir de rentrer plus facilement en possession de leurs droits seigneuriaux.

———————————

J'aime mon pays natal, je l'aimerai toujours ; sa situation me tient à cœur, je voudrais contribuer à l'améliorer. Je trouve son bonheur dans sa réunion à la France. C'est pourquoi je la désire avec empressement ; c'est pourquoi j'appelle sur cette question

(15)

importante toute l'attention du gouvernement français et de mes compatriotes. Que mes vues soient
accueillies , tout le pays en deçà du Rhin deviendra
heureux , et mes désirs seront satisfaits !

Il y a un mois que ce Mémoire a été composé. Une maladie
qu'a éprouvé l'auteur , en a retardé l'impression. Le traité de
paix conclu depuis entre la République française et l'Empereur
a répondu aux vœux de l'auteur.

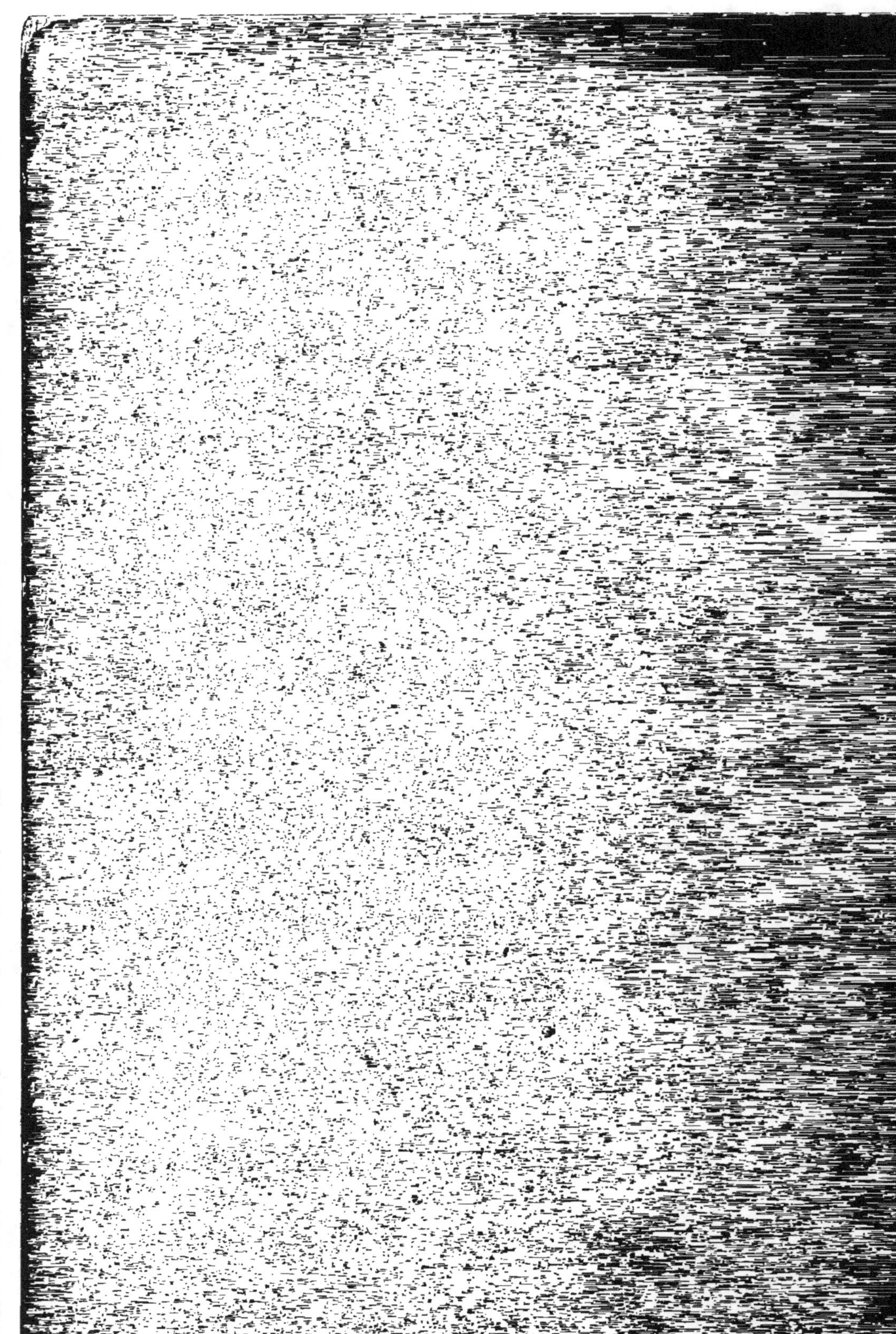